HISTOIRE DE L'ORIGINE ET INSTITVTION DE DIVERS ORDRES

Et Congregations religieuses, qui gardent la regle & profession de S. Augustin.

Auec l'origine des Ordres de S. Benoist & de S. Francois, en bref.

Recueillie

Par AVBERT LE MIRE Bruxellois, Chanoine de Nostre Dame d'Anuers.

A ANVERS.

Chez Dauid Martin.

M. DC. XI.

Auec grace & priuilege.

A MONSEIGNEVR
MONS^r
LOVYS VAN EYNATTEN
ABBE DV NOBLE CONVENT
de S. GERTRVD à Louuain, & Conſeruateur des priuileges de ladite fameuſe Vniuerſité &c.

MONSEIGNEVR, *ſi apres la publication de la Religion Chreſtienne les hommes ſe fuſſent contenuz en icelle, ſelon la forme & regle de vie, qui leur fut donnée par les Apoſtres, ſans ſe licentier & relacher, il n'euſt eſté beſoing d'edifier des monaſteres ſeparez du monde. Car toute la Chreſtienté n'euſt eſté qu'vne grande famille & congregation d'hommes viuans en bonne paix, ſoubs la crainte de Dieu, chaſcun en ſon eſtat & vocation, rapportans tous leur biens en commun pour paruenir au ſeul & vray bien de la gloire celeſte. Mais comme le monde ſe retourna à* son naturel, & la premiere ferueur se refroidit, aulcuns voulans viure plus sainctement & selon la perfection de l'Eglise primitiue, furent contraints de se separer totalement du peuple, & se transporter aux deserts, ou bien s'enfermer entre des murailles pour euiter la dãgereuse conuersatiõ du monde, & pour vaquer plus librement à la contemplation des choses diuines. Les premiers furent S. Paul hermite, S. Antoine, Hilarion, Macaire, & aultres saincts Peres, qui remplirẽt les deserts d'Ægypte, Palestine & d'aultres prouinces. Depuis succederent S. Basile, S. Augustin, S. Ierosme, S. Benoist, S. Bruno pere des Chartreux, S. Robert autheur de l'ordre de Cisteaux, & S. Bernard illustrateur d'icelluy, S. Norbert autheur de l'ordre de Premonstre, S. Dominique, S. Francois, S. Brigitte, S. Claire, la bienheureuse Mere Terese de Iesus, laquelle a reforme l'ordre des Carmes, & plusieurs aultres saincts personnages. Entre iceux S. AVGVSTIN par excellence est appellé Magnus Pater, le Pere grād, à cause du grand nombre des Ordres & congregations religieuses, espandues par tout l'vniuers, & rangees soubs son estandart & regle. Auquel sainct Pere cōme estāt singulieremēt affectionné & obligé, i'ay dressé ce liure de l'Origine & institution de dits Ordres, le quel ie vous offre maintenant, & le vous presente, comme au chef & tresdigne Prelat de la plus noble maison des Chanoines reguliers de nostre Gaule Belgique. Vous suppliant MONSEIGNEVR de le prendre en gré, auquel i'espere, moyennant l'ayde de Dieu, offrir vn iour le mesme argument plus amplement deduict en Latin. Cependant ie prieray le Createur, qu'il luy plaise vous donner longue & heureuse vie. d'Anuers ce 20. de Decembre, 1610.

AV LECTEVR.

De quatre principales regles qui sont approuuees de l'Eglise, la premiere & plus ancienue est celle de *S. Basile*, la seconde de *S. Augustin*, la troisiesme de *S. Benoist*, & la quatriesme de *S. Francois*. Soubs la premiere militent non seulement les moines de la Grece, Sirie, Armenie, & d'aultres parties Orientales, mais aussi plusieurs en Sicile, & Calabre. Soubs la mesme aulcuns mettent l'ordre de nostre Dame des Carmes: bien que le R. P. Thomas de Iesus en son liure de l'antiquité du dit ordre, & aultres le nient & prouuent le contraire. De les ordres qui gardent la regle de S. Augustin, nous traicterons amplement en nostre liure.

Quant aux ordres qui gardent la regle & profession de S. Benoist, le principal est l'ordre des moines noirs, c'est a dire de ceux, qui portent l'habit noir. Il fust institué de S. Benoist mesme enuiron l'an 530. & depuis reformé par diuers: comme par S. Odo Abbé de Cluny en France enuiron l'an 900. par Louys Barbo en l'Abbaye de S. Iustine de Padoue en Italie l'an 1410. par Iea Abbé de

Burs-

Bursfelt en Alemaigne, par les Abbez de Montferrat & Valladolit en Espaigne, & par aultres aillieurs. De ce sainct arbre sont depuis produits plusieurs rameaux, comme les ordres des moines de Camalduli, du Val d'Ombre, de Cisteaux, des Celestins, du mont Oliuet; item les ordres de Cheualiers de Calatraue, d'Alcantare: & de Montese en Espaigne, de Iesu Christ & de Auis en Portugal, de S. Estienne en Toscane, de S. Maurice & S. Lazar en Sauoye, & aultres: lesquels ont rendu leur fruit chascun en sa saison.

L'ordre de Camalduli commença en Italie sous S. Rompald l'an 940.

L'ordre du Val d'Ombre eut son origine de S. Iehan Gualbert Florentin l'an 1060.

L'ordre de Cisteaux fust fondé par S. Robert Abbé de Molesme, l'an 1198. & augmenté par S. Bernard Abbe de Clairvaux, en la Duché de Bourgoigne.

L'ordre du Mont de la Vierge commença en la Poulle par S. Guillaume de Vercelles, enuiron l'an 1120.

L'ordre des Humiliez prit commencemét en Lombardie enuiron l'an 1090.

 & quel-

& quelques annees apres prit la regle de S. Benoist par S. Iean Meda natif de Come, & fust approuuee par Innocent III. l'an 1200. Le chef de l'ordre estoit *Rondinet*, proche de la ville de Come.

L'ordre des Celestins fut commencé l'an 1274. par S. Pierre de Muron, depuis Pape Celestin V. & fut approuué l'an 1297. par Boniface VIII.

L'ordre du Mont Oliuet, aultrement des Moines blancs, prit commencement en Toscane par S. Bernard Ptolomei, Sienois, enuiron l'an 1320. & fut approuué enuiron l'an 1372. de Gregoire XII. La congregation de Grandmont en France doibt son origine a S. Estienne Abbé, qui morut l'an 1056.

Celle de Frontes au enuiron l'an 1140.

La congregation des Siluestrins commença enuiron l'an 1232. par le venerable personnage Siluester Gozolin, au mont de Fano, trois lieües de Rome, & c'est vne reformation de l'ordre du Val d'Ombre. Quant aux ordres des Cheualiers, viuans selon la regle de S. Benoist, voiez ce que nous escript en l'histoire de tous les Ordres des Cheualiers.

Les ordres de S. Francois.

Pour venir à la regle de *S. Francois*, il faut sçauoir, que ce glorieux & seraphique

que Pere a fondé trois ordres & congregations religieuses, approuuez & confirmez par les successeurs de S. Pierre chef visible de l'Eglise de Dieu, & dilatez par tout le monde. Le premier ordre est des freres Mineurs. Le second des paures sœurs de S. Claire. Le troisiesme des Penitens de l'vn & l'autre sexe. Ainsi que chante l'Eglise au iour de sa feste:

Tres ordines hic ordinat,
Primumq; fratrum nominat
Minorum, pauperumq;
Fit dominarum medius,
Sed Pœnitentum tertius
Sexum capit vtrumq;.

Et chacun ordre a vne regle distincte & differente l'vne de l'aultre, come aussi sont differens & distinguez les obseruateurs d'icelles non seulemet d'vne reglé a vne aultre, mais y ayant en mesme ordre plusieurs distinctions & congregations.

Le premier ordre fut institué l'an de I.
salut 1206. confirmé par le Pape Innocent III. & Honore III. son successeur & consiste maintenant en quatre principales bandes & congregations. La premiere est des *Conuentuels*, lesquels possedent la plus grand part des premiers

celuy

conuens de S. François, specialement celuy d'Assise, où repose son corps.

Obseruantins. La deuxiesme des *Obseruantins*, ainsi nommez, a raison qu'ils furent les premiers, qui reformerent l'ordre & reprirent la premiere obseruance de la regle, qui estoit ja aucunement relaschée. En France & ailleurs ils sont nommez Cordeliers, a cause de la ceinture de corde.

Capucins. La troisiesme bande est des *Capucins*, ainsi nommez a raison du capuce pointu, qu'ils portet. Ilz furet instituez l'an 1525 par vn nommé frere Matthieu Baschi.

Recolez. La quatriesme des *Recolez*, tiltrez de ce nom à cause de la recollection qu'ils ont faite de tous ceux qui volontairement se sont voulus reformer. Ces differences sont ainsi aduenues, a raison des diuerses reformations, qui se sont faites de temps en temps par les Religieux zelez a l'estroicte obseruance de la regle, a mesure que la rigueur d'icelle se relaschoit, & bien que leurs noms, habits, & prelatures soient differentes & distinctes, neantmoins ils ont tous vne mesme regle, cōme estans tous du premier ordre nommé par son instituteur des freres Mineurs.

II. Le second ordre dit des sœurs de

S. Claire

S. Claire, fut institué l'an 1212. par S. François, six ans apres sa conuersion, l'an 4. apres la confirmation de sa premiere regle. Et fut premierement confirmé par le Pape Gregoire IX. seulemẽt *viuæ vocis oraculo.* Mais depuis par bulle autentique d'Innocent IV. il fut approué l'an. 1245. Ce second ordre consiste en deux congregations principales. A sçauoir en *Damianistes* & *Vrbanistes*. Les Damianistes sont ainsi nommees à cause du premier conuent de S. Claire, qui estoit de S. Damian : & d'autant que celles de ce premier conuent ne voulurent iamais consentir à la mitigation & modification de la regle, desirans perseuerer en la rigueur d'icelle, toutes celles des aultres conuents, qui les ont imitées sont nommées Damianistes. De celles sont à Paris les religieuses de l'Aue Maria, & les Capucines ; & en Flandre on les appelle les pauures sœurs de S. Claire. Quãt aux Vrbanistes, que le vulgaire appelle Cordelieres, elles furent ainsi nommees, à cause que se diuisant des Damianistes, elles suiuirent les modifications que le Pape Vrbain auoit fait pour adoucir & mitiger la deuxiesme regle de S. François.

A Brus-

A Bruſſelles & aillieurs on les nōme les riches ſœurs de S. Claire, pource qu'elles ont quelque petit reuenu pour viure. Et bien qu'il y aye eu pluſieurs & diuerſes ſortes de reformatiōs en l'vne & en l'autre ſorte, neantmoins elles ſe rapportent toutes a ces 2. principales cōgregations.

III. Le troiſieſme ordre dit de Penitence fuſt inſtitué par S. François l'an 1221. l'an quatorzieſme apres ſa conuerſion. Fut fauoriſé premierement par le Pape Honore troiſieſme, *viuæ vocis oraculo*. Comme teſmoigne le Pape Gregoire IX. par vn bref Apoſtolique l'an 1228. depuis corroboré par le Pape Innocent IV. & en fin autentiquement approuué & confirmé par le Pape Nicolas IV. l'an 1289.

Ceſt ordre des Penitens eſt auſſi diſtingué en deux principales bandes & congregations.

La premiere (parlant originairement) eſt des perſonnes ſeculieres viuants en leurs maiſons priuées auec leur familles, de toutes ſortes de conditions, mariez & non mariez, gardant ceſte troiſieſme reigle de penitence. Dont l'occaſion premiere fut, que S. François par l'Italie

ſeruant

l'Italie la parole, & semence de vie, vne bonne partie d'icelle tomba es cœurs des hommes, liez du nœud de mariage, & leur ferueur fut telle, que quelquefois les villes & bourgades se depeuploient pour suiure ce S. Pere, qui pourchassoit le salut des ames. Et non contents d'entendre ses predications, il fut importuné de faire vn ordre & regle, que les hommes du monde mariez & aultres peussent suiure, pour faire penitence & viure en vn estat plus asseuré de leur salut. Comme a fait S. Louys Roy de France, S. Elzear Comte d'Arian en Prouence, S. Iues Aduocat de Bretagne, S. Elizabet Royne de Hongrie, & plusieurs aultres.

La seconde & plus parfaite bande est celle des religieux, qui viuent en congregation collegialement & en communauté, portent l'habit de religion, & font les trois vœus essentiels de pauureté, chasteté & obedience. L'occasion de ceste congregation fut, que du nombre des premiers qui gardoient la regle de Penitence, plusieurs allumez d'vne plus grande charite, aspirerent apres l'obseruance d'vne vie plus parfaite & retiree. De sorte que depuis la regle de Penitence

du

du pere Seraphique S. François, pour les Religieux de son troisiesme Ordre, fut confirmée par le Pape Nicolas IV. & reformée par Leon X. au concile de Latran, l'an 1521.

De ce troisiesme ordre cõmença vne belle reformation en France l'an 1593. auec l'authorité du Pape Clement VIII. Laquelle congregation reformee a vn beau conuent hors la ville de Paris à la porte S. Antoine; item à Lyon, à Rouen, & aillieurs.

Voila ce qui m'a semblé bon de remarquer de quatre principales regles monastiques. Oultre les quelles il y en a encore aucunes, comme celles des Carmes, des Chartreux, & des freres Minimes.

L'ordre des Carmes.

L'ordre des Carmes est tenu le plus ancien de tous, & a eu son cõmencement par le grand prophete Elie, pour autant qu'il a esté le premier qui a mené vie solitaire au mont Carmel. Depuis il a esté continué par les enfans des Prophetes, iusques au temps de S. Iean Baptiste, qui a marché en l'esprit & vertu d'Elie, cõme racontent les Euangelistes. Apres la publication du sacré Euangile (a laquelle

ils

ils ont fort trauaillez) cest ordre endura beaucoup de persecutiõs, & changemẽs. Mais enuiron l'an 1200. ayant receu vne regle par Albert Patriarche de Ierusalẽ, il s'est tresplanté en diuerses prouinces de l'Europe, fecond en personnages signalez pour leur grande sainctete & erudition: principalement en ce siecle, apres la reformation faite par la bienheureuse Mere Terese de Iesus.

Les Chartreux ont esté instituez en France par S. Bruno natif de Cologne l'an 1084. *Des Chartreux.*

L'ordre des freres Minimes, aultrement appellez Bons-hommes en France, fut institué par S. Francois de Paule au royaume de Naples, & approuué l'an 1474. par Sixte quatriesme. Il morut à Plessis lez Tours en France l'an 1507. *Des Minimes.*

Oultre les dits Ordres monastiques, il y a aussi plusieurs congregatiõs des Prestres ou Clercs reguliers. Comme celle des Theatins instituee l'an 1528. par Iean Pierre Carafe, Euesque de Theate, depuis Pape Paul quatriesme.

Item la Compaignie de Iesus, instituee par le bienheureux Pere Ignace de Loiola, & approuuee l'an 1540. par le *La Compagnie de Iesus*

Pape

Pape Paul troisieme, de la maison de Farnese.

Item la compaignie des Prestres du bon Iesus, a Rauenne; instituee par vne saincte femme nomme Marguerite, laquelle morut l'an 1509. Voyez Morise chap. 63.

Item la congregation de S. Paul decollé, de Milan, ou des Barnabites, commencee par trois gentils-hommes l'an 1526. Le chef de tous les conuents est celuy de S. Barnabe Apostre, a Milan.

Item celle des Prestres qui recueillent les orphelins, instituee l'an 1528. par vn gentilhomme Venetien appelle Ierosme Miani. Item celle des Chanoines reguliers Mineurs.

En Italie est aussi fort celebre la congregation du sainct Esprit de Rome : de laquelle les freres & sœurs sur tout sont soingneux des malades, & ont vne regle propre, & pour chef vn Precepteur & Maistre general de l'ordre.

HIS-

HISTOIRE DE L'ORIGINE

commencement, & progres des congregations & ordres qui obseruẽt la regle & profession de S. Augustin.

CHAP. I.

De l'origine des Chanoines reguliers de l'ordre de sainct Augustin, appellee la congregation de Latran.

LES chanoines & clercs reguliers ont eu leur origine premierement des Apostres, comme tesmoignẽt plusieurs autheurs: puis ont esté instaurez par sainct Marc en Alexandrie. Se licentierent puis apres de l'obseruance & bon reglement qui leur auoit esté baillè par ces bons peres, laissant le viure en commun, & s'addonnant à acquerir des biens en particulier. Et pourtãt le diuin pere sainct Augustin, apres qu'il eut receu l'ordre de prestrise de Valere Euesque de Hippone, fonda vn monastere de clercs, & commenca à viure selon la regle des Apostres: cela est recité par Pos-

 sidonne

ſidonne diſciple d'iceluy, & par Vincent au 16. liure de ſon Miroir hiſtorial, où il dit que l'ordre des chanoines reguliers fut inſtitué regulierement par ſainct Auguſtin. Cela meſme eſt teſmoigné par ſainct Antoine Archeueſque de Florence en la ſeconde partie de ſon Hiſtoire, & Raphaël Volaterran au 21. liure de ſes Commentaires. Dauantage le liure intitulé *Faſciculus temporum*, au ſixieme aage, en la vie d'Alexandre ſecond, teſmoigne que ceſt ordre commença à florir en l'egliſe de Beauuais ſous maiſtre *Iue* Preuoſt, lequel fut depuis Eueſque de Chartres: & fut premierement inſtitué par les Apoſtres, puis reglé par ſainct Auguſtin. Mais pour autant qu'il y a eu pluſieurs inſtitutions & diuerſes reformations en iceluy, cõme l'on void encore auiourdhuy, qu'il y a des religieux de pluſieurs ſortes qui tous obſeruent la regle & profeſſion de ſainct Auguſtin, leſquels ont eſté fondez & reformez par diuers autheurs; il ſera bon de parler de chaſque congregation en particulier. Donques pour parler des chanoines de *Latran*, appellez Reguliers de l'ordre de ſainct Auguſtin, c'eſt c'est ordre dernierement fut reformé enuiron l'an 1407. en l'eglise de *Saincte Marie de Frisonnaye*, qui est vn petit monastere, distant de Luques trois milles. Il est escrit au troisiesme liure de la Chronique de Iean Philippe de Nouarre, chanoine de ceste congregation, que l'an de nostre Seigneur 1396. il y eut vn venerable homme d'Eglise nommé *Barthelemy*, citoyen Romain, excellent predicateur de son temps, lequel non seulement fut illustre de sang (car il estoit de la maison des Colonnes) mais aussi recommandable pour sa grande doctrine & bonté d'esprit. Ce personnage ne s'addonnoit à autre chose sinon à augmenter le seruice de Dieu, & pour cest effect alloit çà & là prescher l'Euangile, solicitant les pecheurs à confession, lesquels induits par ses parolles & frequentes admonitions, se conuertissoient à faire penitence de leurs fautes, & à despriser le monde. Entre iceux fut vn excellent docteur és Droicts appellé *Iaques des Auogards*, de noble maison du pays de Bergame. Cest Auogard apres auoir

1407. *La cogregation de Frisonnaye.*

1396.

este Professeur & Docteur plusieurs annees en la fameuse vniuersite de Padoue, laissant les vanitez du monde, se fit moine de l'ordre de freres Prescheurs à Venise: & estoit conuers, par ce qu'il ne pouuoit estre prestre ayant eu deux femmes. Estāt donc en ce monastere il reprenoit souuent les freres de leur negligēce & maluersation, voyant qu'ils ne gardoiēt la regle & obseruāce de leur religion: de quoy irritez ils le mirent en prison, d'ou bien tost apres il eschappa, & s'en alla rendre au venerable Barthelemy, qui est celuy dont nous auons parlé cy dessus: & tous deux ensemble s'en allerent trouuer le Pape Gregoire XII. Venetien de nation, lequel absolut ledit Auogard du lien & profession de sainct Dominique, & de bigamie, & luy ottroya de pouuoir monter iusques à la dignité de Diacre, & d'exercer l'office de predicateur, luy donnant l'habit des chanoines reguliers. Ainsi ayans receu la benediction du Pape, ils s'en allerent du costé de la Toscane, & arriuerent à Luques, cité noble & riche en Italie; ou celuy cy commença à prescher auecq vn grand zele la parolle de Dieu, ce pendant que le venerable

Bar-

Barthelemy vacquoit à ouir les confessions: & firent de sorte qu'en peu de tẽps ils amasserent force disciples en vn pouro monastere qu'on nommoit *saincte Marie de Frisonaye*, esloigné de Luques seulement trois milles, assis dans vn bois sur vne belle colline: & fut ainsi appellé pour la multitude de certains oiseaux nõmez Frisons, qui hantoiẽt en ce bois, duquel lieu la susdite cõgregation prit son nom: & iusques au tẽps du Pape Eugene quatrieme du nom, furent appellez *les chanoines de Frisonaye*. Et n'est à obmettre, qu'en peu de temps ils rassemblerent bon nombre de chanoines, & eleurent pour leur Prieur vn digne personnage appellé *Benoist*, citoyen de Milan, & eux s'en allerẽt vers Padouë, Vicence & Veronne, l'vn vaquant tousiours à la predication, & l'autre à ouir les confessions, de maniere qu'ils ne furent gueres sans faire vn grand fruit: car plusieurs à leur exhortation laisserent le mõde, & se firent religieux en diuers endroits. Alors fut donné commencement à la reformation des moines Benedictins de S. Iustine de Padouë, & à la congregatiõ Azzurine de sainct George de Venize. Outre cela il y eut

eut d'autres conuents, où les religieux par longue espace de temps s'estoient desbordez & licentiez à viure sans regle, lesquels par ces bons personnages furét reformez & reduits à la forme donnée par les Apostres, & à celle de sainct Augustin. C'est vne chose notable en ceste saincte congregation, laquelle, comme nous auons iadit, à pris son commencement des Apostres, & depuis ayant esté reformée par S. Augustin, en a tousiours porté le nom & gardé la regle, que combien qu'elle ait esté plusieurs fois quasi esteinte & abbatué, neantmoins le sainct Esprit auec vn feu d'amour diuin, à ordinairement enflãmé la volonté de quelques siens seruiteurs qui l'ont tousiours reformee & reduite à sa premiere institution. Et ie vous veux bien encore aduertir en passant, que l'eglise de saincte Marie de Frisonnaye cy dessus mentionnee, estoit desia possedée par chanoines reguliers, plus de cent cinquante ans deuant la derniere reformation, comme il appert clairement par la buelle du Pape Alexãdre IIII. donnée à Viterbe, l'an de son Pontificat 4. & de nostre Seigneur 1258. & par la bulle du Pape Gregoire X. Plai-

La congregation du Sauueur.

X. Plaisantin, qui confirma la bulle du Pape Alexādre donnée à Ciuita-vechia l'an 1272. & l'ā premier de son pōtificat. Si est d'opiniō ledit autheur cy deuāt allegué, q̄ *Gelase*, Africain de nation, & disciple de S. Augustin, apres la mort de son maistre, fuiant la persecutiō des Wandales, accōpagné de quelques autres clercs vint à Rome & s'arresta en l'eglise de Latran, & illec viuoit auec ses cōpagnons selon la regle donnée par S. Augustin, en laquelle il se porta si vertueusement & sainctement, qu'il fut éleu Pape, & en ce haut degré vesquit quatre ans auec grād hōneur, faisāt plusieurs œuures louables: & depuis sa mort fut canonisé, & mis au nombre des Saincts. Depuis lequel tēps, les chanoines reguliers ont perseueré par l'espace de huit cens ans, viuāt en ladite eglise de Latran, souz l'obseruance de S. Augustin, comme il est prouué par la bulle d'Eugene IIII. Mais le pape Boniface huitieme du nom, leur osta l'eglise de Latrā, & la bailla aux chanoines seculiers l'ā 1298. Ledit Eugene natif de Venise, & nepueu du pape Gregoire XII. la rēdit derechef aux chanoines reguliers, & y fit bastir vn beau monastere, par ce

La congregation de Latrā.

1298.

que le premier estoit cheu en ruine, & leur assigna tous les benefices, rentes, possessions, grades & preéminẽces qu'a-uoient eu lesdicts chanoines seculiers: & ordonna que d'oresenauant ils ne seroiẽt plus appellez de *Frisonnaye*, mais que toute la congregation de Latran se nommeroit, *du Sauueur*. Vn peu apres, Caliste troisieme Pape de ce nom, leur osta vne autre fois, pour y remettre les seculiers, lesquels derechef en furent chassez par le pape Paul second du nom, neueu du susnommé Eugene, & fut le lieu restitué aux reguliers susdicts. Mais sous le pape Sixte IIII natif de Sauone, cité maritime sous la seigneurie de Genes, ils en perdirent entieremẽt la possession, mais non pas le titre ny les priuileges: car il leur permit non seulemẽt tous les droits & libertez de l'eglise de Latran, mais aussi voulut qu'ils en retinssent le nom & tiltre cõme ils font. Il n'est besoin que ie m'arreste à dire, que si le pape Pie IV. n'eust esté preuenu de mort, les susdits chanoines s'en alloiẽt de nouueau estre remis en leur ancienne eglise de saint Sauueur, appellee de Latran, comme le bruit en estoit fort grand entre les Prelats.

La congregation du Sauueur.

lats. Ie croy qu'il ne sera point mal à propos (combiẽ qu'il sera vn peu long) pour confirmer ce qui a esté dit cy dessus, si ie recite ce que dit Onufrius Pan-vinius Augustin de Verone, docte & diligẽt obseruateur des antiquitez Romaines, en son traicté des sept eglises de Rome. Parlant donc de l'eglise de Latran, il dit nõmement qu'en ces premiers temps, soudain que l'eglise fut bastie, le Pape y celebroit les diuins offices, & les prestres Romains tãt Cardinaux cõme nõ Cardinaux, les sept diacres & autant de soudiacres, & tout le demeurãt du clergé, & peuple fidelle qui residoit à Rome. Car le peuple chantoit les pseaumes, hymnes & oraisons ensemblement auec les clercs grands & petits. l'Euesque preschoit, & les prestres de la saincte Eglise Romaine conferoiẽt les Sacremens. Or croissant le nombre des fideles, & estans les prestres distribuez par tiltres & parroisses, & ne pouuant plus, pour estre occupez chacun en son eglise, demeurer continuellement aupres du sainct Pere, de là commença la quantité des clercs à se trouuer petite. Pour à quoy remedier, le pape *Gelase* en mit à l'eglise de Latran certain nombre qu'on qu'on appella Chanoines, cest à dire Reguliers: pour autāt qu'ils tenoiēt vne regle de viure plus estroite que les autres, Ceux-là dōc à l'imitatiō des Apostres & de la primitiue Eglise, viuās en commun sous l'ordre de S. Augustin, furēt deputez au seruice de l'egise de Latrā, au lieu des prestres anciens, Cardinaux & autres, & vaquoiēt tous les iours principalemēt à l'administratiō des Sacremēs & aux prieres publiques. Auec cela, en quelques certaines solēnitez, nostre S. Pere assisté des Cardinaux & autres prelats de l'eglise de Rome, pour maintenir l'anciēne coustume, celebroit le seruice en propre personne, en ladite eglise de Latrā. La principale charge des chanoines en ce tēps là estoit, cōme i'ay dit, d'administrer les Sacremens au peuple fidele, sans s'occuper à chāter, pour ce que le peuple faisoit alors cest office, chantāt & psalmodiant. Mais depuis cōmencant ceste ferueur de deuotiō peu à peu à s'atiedir, & n'estant plus l'eglise de Latrā si frequētee du peuple qui y souloit venir pour chanter les pseaumes: & ne pouuans les chanoines y entēdre, à cause qu'ils estoiēt empeschez és choses plus necessaires, aduint vn biē peu

peu apres la mort du pape Gelase, qu'il se presenta vne bõne occasion, que cest office fut accepté par les moines : lesquels vn peu auparauãt auoient esté instituez par *S. Benoist* Abbé, & auoient receu de luy vne fort belle saincte regle de viure. Car leur ayant iceluy fait bastir vn monastere au mõt Cassin, le premier & plus fameux de tous ceux de l'eglise Occidẽtale, leur dõna la forme de viure, selõ laquelle en ce temps ils ne prenoient aucũ ordre, n'auoient coustume de s'appliquer à autre chose sinon à faire les prieres & chanter les pseaumes en l'eglise. Depuis estant ce bon pere S. Benoist decedé, vn sien disciple homme de tressaincte vie nommé *Constantin*, luy succeda au gouuernement dudit monastere. Et apres luy *Simplicius*, puis *Vital*, apres Vital *Bonicius*, qui fut le quatrieme abbé de mont Cassin, depuis sainct Benoist. Du temps duquel Bonicius, les Lombards qui estoient entrez en Italie sous Iustin le ieune Empereur, prindrent de nuict, pendant que les religieux dormoyent, le dit monastere de mont Cassin, & le saccagerent : en sorte que les religieux furent cõtraints de l'abandonner,

&

& s'en aller à Rome par deuers le Pape, qui estoit lors Iean troisieme, duquel ils obtindrent permission d'edifier, vn autre monastere au nom de sainct Ieā Baptiste & Euangeliste, & de sainct Pancrace, aupres de l'eglise de Latran, ou ils demeurerēt l'espace de cent trente ans, durant lequel temps, le monastere de mont Cassin fut delaissé en ruine : si commencerent au lieu des lais à dire les heures canoniales, & chanter les pseaumes en l'eglise de Latran, pendāt que les chanoines vaquoient à la celebration de la Messe, & à l'administration des Sacremens. Mais comme par succession de temps le conuent des moines de Latran vint à defaillir, *Gregoire* troisieme renouuella le susdit monastere des sainct Ieā Baptiste, Iean Euangeliste & Pancrace, lequel par le peu de soin qu'en auoient eu les Papes precedens, estoit presque totalement denué de religieux : si leur donna possessions & rentes, recouurant pour eux tous les biens qui leur auoient esté ostez, & les rachetant à pris d'argent. D'auantage il reforma leur congregation, leur donnant vn Abbé, auec charge de faire cōtinuellemēt le diuin seruice en l'eglise de se de sainct Sauueur, appellee Constantiniane, aupres de Latran, tant de iour que de nuict, en la mesme forme & maniere qui s'obseruoit alors en l'eglise de S. Pierre. Mais en quel téps les moines se delogerent de là, & les chanoines estant en nombre suffisant, commencerent au lieu d'eux, à chanter les heures canoniales en ladite eglise, il n'est pas aisé a le declarer. Bien est vray que quelques siecles apres, estant supprimé entierement le nom des moines, il ne se parle que des chanoines de Latran, lesquels à la maniere des moines viuoient en commun, & auoient vn Prieur, qui au lieu d'Abbé leur commandoit à tous: mais depuis estant aussi corrompu l'ordre des chanoines de Latran, *Alexandre* second natif de Milan, & qui deuant qu'estre paruenu au sainct siege estoit Euesque de Luques, fut le premier de tous les Papes qui le reforma selõ la regle de sainct Augustin, & le mit en tel honneur & reputation de saincteté, qu'il ne cedoit en rien aux moines du mont Cassin, lesquels en ce temps-là fleurissoient en toute perfection, & estoient en admiration à toute la Chrestienté. Apres Alexandre, *Paschal*

aussi

aussi second du nom corrigea auec vne grande prudence le desordre qui s'estoit introduit petit à petit audit monastere de Latran, pendant le scisme de l'Eglise qui auoit duré long temps. Si fut ceste congregation en sa plus grande vigueur du temps d'Alexandre troisieme, & de quelques vns de ses successeurs, estant remplie d'vn grand nombre d'excellens hommes, soustenant la reputation de tresgrande sainctcté, qui demeuroient audit monastere de Latran: lequel commence dés le porche de sainct Venance & la chaire de sainct Iean de Latran, où il reste encore auiourd'huy neuf piliers du cloistre ancien (qui est au demeurant tout demoly de vieillesse) esquels se trouuent ces vers Latins:

Canonicam formam sumentes, discite normam,
Quã promisistis, hoc claustrum quando petistis.
Discite sic vobis tria vota adesse necesse,
Nil proprium, morem castum, seruando pudorem,
Claustri structura sit vobis docta figura,
Vt sic clarescant animæ, moresq; nitescant.

Desquels, combien que corrompus & imparfaits, on peut tirer vn tel sens:

Que

Que ceux qui prennent l'habit canonique, doiuent apprendre la regle qui consiste en trois poincts: N'auoir rien de propre, estre chaste, & garder le cloistre. L'on void encore là tous les vrais fondemens d'vn monastere, où lesdits chanoines ont demeuré enuiron huit cens ans viuans en commun, iusques à *Boniface* huitieme, lequel osta de ladite eglise les chanoines claustraux, & la fit desseruir par clercs seculiers: & des rentes du monastere, ordonna à chacun sa prebende. Et en ceste sorte perseuererent paisiblement iusques au temps *d'Eugene* quatrieme, qui ayant esté auparauant Azzurin de sainct George d'Alegue, portoit grande affection aux moines, & l'habit regulier: & partant il chassa lesdits seculiers, & donna l'eglise de Latran aux chanoines de saincte Marie de Frisonnaye, qui vn peu deuant auoient esté reformez, & s'appelloiét Reguliers, faisant rebastir le monastere quasi tout de nouueau: si demeurerent en ce lieu lesdits Reguliers, iusques au trespas de Nicolas cinquieme, apres lequel ils en furent expulses, & y furent de nouueau remis les seculiers,

qui

qui y furent conseruez par Caliste troisieme, & tindrent l'eglise de Latran iusques au temps de *Paul* second neueu de Eugene quatrieme : lequel a l'imitation de son oncle, si tost qu'il fut Pape chassa les seculiers, & restitua l'eglise & les biens aux reguliers : mais incontinent qu'il fut mort, ils furent chassez encore vne autre fois par la fureur du peuple qui n'estoit pas content d'eux. Et pourtant ayant depuis obtenu de Sixte quatrieme l'eglise de *saincte Marie de la paix* à Rome, quitterent librement aux Romains leur chanoinerie de Latran, oú ils remirent les seculiers, lesquels y ont tousiours continué leur demeure iusques auiourdhuy. Pour la fin de ce propos, reste seulemẽt à dire q̃ de ce lieu sont issus plusieurs Papes, grand nombre de Cardinaux, Archeuesques, Euesques & autres prelats, outre les Empereurs, Roys, Ducs, & autres seigneurs qui s'y sont rendus, auec infinis docteurs qui ont composé diuers traitez nõ moins doctes que catholiques, & mesme plusieurs saincts personnages qui ont esté canonisez. Au demeurãt il est encore auiourdhuy florissãt en toute vertu. Ie ne veux ob-

obmettre, qu'au temple de saincte Marie de Frisonnaye, où fut faite la derniere reformation, y a vne inscription en ces termes:

Saluatori Christo, ac sanctæ spei matri Mariæ, Canonici regulares ab Apostolis primùm, diuiq; Augustini norma, sub Apostolicis regulis instituti, iampridem in hoc cœnobio arctius Deo dicati, hinc per Italiam sub titulo Lateranensi dilatati, hanc ædem vetustate labantem restituère, anno gratiæ M. CCCCI. Qui signifie:

Les Chanoines reguliers instituez premierement par les Apostres, & nourris sous la regle de sainct Augustin, & sous les traditions apostoliques dés long temps estroictement vouez à Dieu en ce monastere, & d'icy multipliez & espandus par l'Italie sous le titre de Latran, ont fait rebastir ceste eglise, qui de vieillesse tomboit en ruine, l'an de grace 1401.

CHAP. II.

De l'origine des diuerses congregations hermitaines de sainct Augustin, qui viuent sous le nom & titre de l'obseruãce. Item des Hermitains conuentuels.

SI ie voulois vous raconter par ordre les cõmencemens de toutes les congregations de l'obseruance qui viuent sous l'institution de ce grãd pere S. Augustin, ce seroit vne harengue bien longue. Doncques ie raconteray sommairement les noms des auteurs, & en quel temps elles ont eu leur origine. La premiere sera la congregation de *Lecette.* Le lieu où ceste congregation prit son commencement est fort antique, & distante de Seine enuiron trois mille, & s'appelloit anciennement l'Assiete de Foltignan, & depuis l'hermitage du bois de Foltignan, fondé de S. Sauueur: & puis apres S. Sauueur de Lecette au bois du Lac: & s'appelle ainsi de Lecette pour la grande multitude d'arbres qui est là. Ce lieu donc commença à estre habité des l'an 600. selõ le tesmoignage de Ierosme Bon-seigneur: mais Frãçois Thomas,

Thomas, bourgeois & historiographe
de Siene, dit auoir trouué que le lieu appellé sainct Sauueur au bois du Lac, fut
habité par les hermites de sainct Augustin, dés l'an 1050. & que ceste place 1050.
s'est tousiours conseruée en saincteté,
pour estre fort secrette, & propre à la
contemplation. De là sont sortis plusieurs saincts personnages : sainct François mesme y demeura quelque temps.
Semblablement ces venerables peres,
Estienne & Iaques, & autres, qui don-
nerent le commencement à la religion
des chanoines de sainct Sauueur, en sor-
tirent. Elle fut depuis augmentée de
beaux reglemens, par vn maistre Barthelemy Venetien, l'an 1387. & depuis 1387.
par vn maistre Nicolas Cassia, & maistre Gerard de Rimini, tous deux Prieurs generaux de cest ordre, lequel cõmença depuis à s'augmenter, de sorte
qu'ils ont auiourd'huy vnze conuens,
tant au pays Sienois, que Florentin, &
n'y a celuy où il n'y ait pour le moins
cent religieux.

La seconde congregation de l'obser-uance des hermitains, est celle de *Char-*

bonniere, en la terre de Labeur, qu'on appelle auiourd'huy Champagne, laquelle est encore à present nommée la congregation de *Sainct Iean de Naples.* Elle eut son commencement d'vn frere Simon Cremonois, grand philosophe & theologien de son temps qui fut l'an de
1399. nostre Seigneur 1399.

La congregation *Perusine*, autrement appellee de *Saincte Marie du Peuple* en la prouince d'Ombrie, commença l'an 1424. & a enuiron quinze monasteres.

La congregation de *Lombardie*, ainsi nommee par ceux mesmes qui en sont, fut commẽcée l'an 1444 par vn bõ pere appellé Iean Rocque de Pauie, & vn autre nõmé frere Gregoire de Cremone, dedans le chasteau de Creme, qui est vne tres-belle & forte place. Ceste congregation est la plus grãde, & la plus celebre de toutes celles de l'obseruãce des hermitains, tant pource que elle a plus grãd nombre d'hommes, que aussi pource que ceux de cest ordre sont gens de sçauoir, & qui font grande profession de prescher. Il y a en ceste congregation soixante & huit monasteres, qui sont

sont assez bien rengez.

La congregation de *saincte Marie de Mont-Orton*, distante de la ville de Padoüe enuiron cinq mille, fut instituee par vn venerable & docte personnage nommé frere Simon, natif de Camerin, qui est vne ville en la marque d'Ancone. Ceste congregation n'a pas plus de trois conuẽts, & fut cõmencée l'ã 1460.

La cõgregation des *Baptistes*, ainsi appellée à cause d'vn frere Baptiste, qui en a esté l'autheur, commença l'an 1484. Ils portent sabots, & sont aussi appellez Geneuois, parce que leur dit fondateur estoit de Gennes.

La congregation des hermites, appellée *Pouilloise*, ou autrement la *Doucette*, prit son cõmencement en la Poüille, par vn nommé Felix de ce pays là, l'ã 1492. 1492.

Enuiron l'an 1497. en Allemagne se 1497.
institua aussi vne nouuelle congregatiõ d'hermites, qu'on appelle la congregation d'Andrea Proles, de Germanie, ou de Saxe.

Apres la Doucette de la Poüille, la *Zampane* fut instituee en Calabre, l'an 1502. par vn nõmé Francois Zampana

Calabrois, qui estoit en ce temps là fort honorè pour ses bonnes qualitez.

L'annee mesme que la susdite cõgregation eut son commencement, vne autre fut aussi commẽcee en la Sclauonie, laquelle on appelle la congregation de sainct Augustin de Dalmatie.

La derniere congregation de cest ordre, soit celle de sainct *Paul* premier hermite, de mesme habit que les autres, laquelle commença l'an 1550. Il y a des monasteres de ceste congregation en Italie & en Espagne : toutesfois en Italie il n'y en a pas plus de quatre, qui sont és enuirons de Rome. En la cité de Veletri, il y en a vn conuent. C'est ce que ie puis dire desdites congregations des hermites de l'obseruance, lesquelles sont peu cogneuës en Italie, fors celle de Lõbardie, comme nous auons tantost dit, qui est la plus signalee de toutes. Quant aux Hermitains conuentuels de S. Augustin, qui portent vne robbe noire, & vne ceincture de cuir, icelle congregation est la plus celebre par tout le monde, estant espanduë non seulement par l'Italie, Espaigne, France, Allemaigne, mais

Hermitains cõuentuels.

1550.

mais aussi par les Indes tant Occidẽtales qu'Orientales. Ils furent instituez & fondez par S. Augustin, premierement en Italie, & de la en Affricque, enuiron l'an 390. comme ils disent.

Chap. III.

De l'ordre de Premonstré.

LA congregation de Premonstré est merueilleusemẽt florissante en plusieurs endroits de la Chrestiété, & principalement en France, Espagne, Allemaigne, & au pays-bas ou Flãdres: l'autheur de laquelle fut vn reuerend pere appellé *Norbert*. Il estoit natif de la ville de Santen, estant situee au pays de Cleues & diocese de Coloigne, & fut faict prebstre & chanoisne de la ditte ville de Santen. Depuis comme il augmentoit de iour en iour, en volonté de bien & deuotement seruir Dieu : finablement il se resolut auecq quelques siens compagnons, d'abandonner du tout le monde, pour seruir Dieu plus deuotement, cõme ils firent. Or ainsi que Norbert estoit vn iour en oraison, la vierge Marie luy apparut, qui luy presen-

toit vne robbe ou accouſtrement tout blanc. Lequel ayant receu comme choſe celeſte, il s'en alla incontinẽt auec ſes compagnons faire penitence en vn lieu ſolitaire, montueux & aſpre, nõmé Pre-
1120. monſtré, l'an 1120. ce qu'il fit auec permiſſion de Berthelemy, Eueſque de Laõ en France, d'autant que ce lieu eſtoit en ſon dioceſe. Ainſi de ce lieu appellé Premonſtré, la congregation a pris le nom, lequel elle porte encore auiourd'huy. Voulant donc Norbert que ſadite congregation demeuraſt à perpetuité, il la fit confirmer par le Pape Calixte ſecõd, l'ã 1121. & ſous la regle de S. Auguſtin, inſtitua des Chanoines reguliers. Et enuiron quatre ans apres eſtant Calixte treſpaſſé, ſon ſucceſſeur Honoré ſecõd les confirma derechef: laquelle ordonnãce fut de nouueau approuuee par Innocẽt troiſieme, l'an 1199. Et pour vous dire de Norbert fondateur de ceſt ordre, la renommee de ſa ſaincteté fut ſi grãde qu'il fut eleu Archeueſque de Magdebourg en Allemaigne, & fit par la grace de Dieu pluſieurs miracles, tant en ſon viuant que depuis ſa mort, dont il fut depuis

depuis inſcrit par Gregoire XIII. au catalogue des ſaincts Prelats confeſſeurs, & ſe celebre la feſte d'iceluy le huitieme iour de Iuillet. Au demeurãt ceſte religion s'eſt tellemẽt amplifiée és parties de France, Eſpagne, Allemaigne, Flãdre & autres lieux, qu'elle eſt diuiſee en trente prouinces, eſquelles ils ont plus de mil trois cens monaſteres, outre bien enuiron quatre cens conuẽts de filles. Leurs Abbez ſont perpetuels, & doibuent eſtre ſacrés par Eueſques. Et comme les Prelats de l'ordre de S. Benoiſt, & de Ciſteaux, ils peuuẽt celebrer les Meſſes ſolennelles auec la mitre, la croce, & autres ornemens qui appartiennent à la dignité Epiſcopale. Ils font vn Office particulier, & ont vn Breuiaire conforme à leur Miſſel, & ſi obſeruẽt par toute leur religion vn chant qui leur eſt particulier. Quant à leur accouſtremẽt, ils portent vn froc blanc, & vn rochet de fin lin, & par là deſſus, vne chappe blanche, ouuerte deuant comme celle des Carmes. Ceſte congregation, comme nous auons dit, cõmenca l'an 1120. 1120.

CHAP.

Chap. IV.

De Sainct Dominique chef de l'ordre des freres Prescheurs.

SAINCT Dominique fut Espagnol, natif d'vne ville appellée Calaroga, au diocese d'Osome. Son pere eut nom Felix, & sa mere Ieanne: laquelle estant en grossesse de luy, eut vne telle vision en dormant : Elle pensoit porter en son ventre vn petit chien, qui tenoit en sa gueulle vne torche ardãte, auec laquelle estãt issu du ventre, il enflamboit toute la machine du monde. Et luy estant encore petit enfant laissoit à dormir dans le lict mol & delicat, pour gesir sur la terre nuë. Et estant enuoyé par ses parẽs aux estudes, il fut dix ans sans boire vin; & à mesure qu'il croissoit d'aage, il augmentoit aussi en bonne renommée, de sorte que l'Euesque d'Osome le fit chanoine regulier en son eglise cathedrale: en laquelle dignité ce sainct homme reluisoit entre les autres chanoines, cõme vn soleil entre les estoilles, se monstrant cõme vn tresbeau miroir en toute bonté & vertu. Si commença à poursuiure à bon

bon escient les mescreans & heretiques, & n'entẽdoit à autre chose iour & nuict sinon à déraciner de l'Eglise toutes les vaines superstitions & semẽces d'erreur des ennemis de la foy : & entre autres il reduit au bõ chemin plusieurs qui estoient tachez d'heresie des Albigeois en Gascongne. Et apres qu'il eut esté au dit pays de Gascõgne par l'espace de dix ans auec quelques siẽs disciples & compagnõs, il delibera de dõner commencemẽt à son ordre, & mettre en auant que leur office seroit desormais d'aller par tout le monde prescher l'Euangile, & confondre les fausses opinions. Ayãt faite ceste deliberation, il s'en alla à Rome auec Fulcõ Euesque de Tolouse, lequel en ce mesme temps auoit esté appellé au concile par Innocent troisiesme. Et ainsi cõme ce concile general se celebroit au palais de Latran, où il y auoit de diuerses parties du monde plus de mil trois cẽs Prelats doctes & suffisans, entre lesquels estoit le Patriarche de Constantinople & celuy de Ierusalẽ : Dominique s'y trouua aussi, lequel voyant la cõmodité qui se presentoit de demander au

sainct

sainct Pere la confirmation de son ordre, le supplia de vouloir ce faire, ce que toutesfois il ne luy voulut accorder. Si aduint que la nuict subsequente il eut vne vision telle, qu'il luy sembloit voir l'eglise de Latran, qui menaçoit sa ruine, & s'en alloit tomber. Dont luy espouuanté regardant d'où pourroit venir cest inconuenient, apperceut de l'autre costé le bō Dominique, qui prestoit l'espaule & soustenoit tout l'edifice, qu'il n'allast par terre. Esueillé que fut le Pape, & se resouuenant de sa vision, manda incontinent querir sainct Dominique, & luy octroya libremēt ce qu'il luy auoit demandé, luy ordonnāt qu'il retournast vers ses disciples & compagnons, & qu'entre eux ils éleussent vne regle d'entre celles qui auoiēt esté approuuées, laquelle leur seroit la plus agreable. Il partit donc de Rome & s'en reuint à ses disciples, qui pouuoient estre enuiron seize: si leur conta tout par le menu cōme il s'estoit passé, & eux tous d'vn mesme accord, apres auoir inuoqué le sainct Esprit, éleurent la regle de sainct Augustin,

pro-

protestant ensemble d'estre Prescheurs non seulement de nom, mais aussi de fait. Ils ordonnerent aucunes institutions, lesquelles s'obserueroient par leur ordre, à fin de viure plus estroitement. Ce pendant le Pape Innocent mourut, & luy succeda Honoré troisiesme de ce nom : duquel le sainct homme Dominique impetra la confirmation de son ordre l'an premier de son pontificat, & de nostre salut l'an 1216. Estant Dominique de 1216.
retour à Tolouse, apres auoir fait vne belle exhortation à ses freres & disciples, les enuoya deux à deux prescher la parolle de Dieu en diuers endroits du monde, à fin qu'ils fissent plus grand fruict en l'Eglise. Voila l'origine des freres Prescheurs. Finablemẽt apres que ce bõ patriarche, eut pour l'amour de Dieu & de son Eglise, souffert beaucoup de peines & de persecutions par les heretiques, & affligé son corps par ieusnes & abstinences, ayant ordonné à ses freres ce qui estoit necessaire pour le seruice de Dieu, & pour le salut de leurs ames, se trouuant à Bolongne, cité fameuse

d'Italie

d'Italie demeura malade d'vne grande maladie, & trespassa en Dieu l'an 1221, estant renommé grandement par plusieurs miracles, tant deuant qu'apres sa mort. Il fut depuis par Gregoire IX. inscrit au nõbre des Saints. Sõ corps fut inhumé à Bolongne en vn conuent de son ordre, où il est grandemẽt honoré. Quãt a cest ordre, il est diuisé en deux, à sçauoir ceux de l'obseruance, & les conuẽtuels: & en Italie ceux de l'obseruance sont encore de deux sortes, les Lõbards, & les Toscans, mais les Lombards tiennent le premier lieu. A Rome ils demeurẽt à saincte Sabine, qui estoit anciẽnemẽt le palais des Papes, & fut donné per Honorius troisiesme à S. Dominique.

Chap. V.

De l'origine du Chapitre & congregation des Chanoines reguliers de Windessem.

EN Brabant, Flandre, Geldre, Hollande, VVestfale, & aultres pays de la basse & haulte Allemaigne, y à vne congregation des Chanoines reguliers, nommée communement le *Chapitre de Windessem.* Ils n'ont point des Abbés, mais

mais sinon des Prieurs : & tienent fort bõne discipline. De ceste congregation & reformation ont esté autrefois enuiron cent & vingt monasteres, tant d'hommes que de filles. Et elle doibt son origine & progres au venerable personnage *Gerard le Grand*, & à ses disciples, nommez Freres & clercs de la vie commune: cõme raconte Thomas de Kempis, Chanoine regulier d'icelle congregation, en la vie du dict Gerard. Quand au cloistre de Windessem, chef de la cõgregatiõ, il est situé sur la riuiere d'Isel, trois lieux de Deuenter, ville de nostre basse Allemaigne : & fut fondé l'an 1387. Les premiers cõuents qui se ioingnirẽt à VVindessem furẽt ceux de Dordrecht & Horne en Hollande, & de Arnhem en Geldre : ce que approuua le Pape Boniface IX. Et depuis petit à petit se ioingnirent les aultres, auecq consentement & approbation de Martin V. Pie II. Sixte IV. Innocent VIII. Leon X. & d'aultres Papes. De ceste congregatiõ sont les cõuents de *S. Martin*, & de *Betlehem* à Louuain, de *Rooclooster* & de *Groeneudael*, proche de Brusselles.

CHAP.

CHAP. VI.

De la congregatiõ des Clercs Apostoliques, appellez freres Iesuates de S. Ierosme.

S. Iean Colombin Sienois de noble maison, ayant par le consentemẽt de sa femme delaissé le monde, accõpaigné d'aucuns de mesme zele & ferueur, cõmenca a prescher pour cõuertir les pescheurs. Venu deuãt le Pape Vrbain V. a Oruieto, on luy mit a sus, qu'il estoit de la secte des Fraticelles. Dequoy il se purgea si bien, que le Pape l'embrassa & le vestit (auec ses adherẽts) tout de blãc, a ses propres despens, & benit tous ceux qui perseueroient en ce religieux habit. Ces religieux ne sont pas prestres, & furẽt appellez *Iesuates*, parce que souuẽt ils auoient le nom de IESVS en la bouche. Aucuns disent que ce nom leur fut cõme diuinement imposé par les petitz enfans. Les Iesuates obseruẽt la profession de S. Augustin, mais ont encor vne regle particuliere, qui leur à esté dõnee par vn de leurs freres qui fut Euesque & saint homme, & confirmée par les Papes de Rome: come atteste Paul Morise. Leur fondateur S. Iean Colombin morut l'an 1355.

CHAP.

Chap. VII.

La congregation des Chanoines reguliers d'Aroasia.

IEruaige, en Latin *Aroasia*, est vne Abbaye situee aux frontieres du pais d'Artois, enuiron deux lieues de la ville de Bappames: la quelle Abbaye à esté autrefois chef de vingthuict aultres monasteres. Ceste congregation commenca enuiron l'an 1000. & à esté 1000.
fort loué & recommandé par Iacques de Vitry Cardinal, en son histoire occidetal chap. 23. qui morut à Rome l'an 1230. & par S. Lauren Archeuesque de 1230.
Dublin en Irlande, comme nous lisons en sa vie. De ceste congregation estoyent les monasteres de *Henrin Leitard* trois lieues de Douay, de *S. Nicolas* en la ville de Tournay, de *Cisoingne* & *Falempin*, au quartier de Lille en Flandre, de *Chocques* & *Marœles* en Artois, de *Warneston*, *Zunebeeck*, & *Soetendael* en Flandre, d'*Eechoudt* à Bruges, de *S. Iehan* à Valenchiennes, de *S. Crespin* & de *S. Legier* à Soissons en France, de *S. Patrice* à Dublin en Irlande, & aultres.

CHAP. VIII.

Diuerses reformations & congregations des Chanoines reguliers.

1080. ENuiron l'an mil quatre vingt, ce venerable personnage *Iuo* institua en France vne belle reformation, en la ville episcopale de Beauuais, en Picardie, comme atteste Vincẽt de Beauuais, *in specul. histor. lib. 26. cap. 51.*

1107. Enuiron l'an 1100. ou 1107. le bienheureux *Ruffe* Euesque de Lion en Frãce, institua la congregation des Chanoines reguliers, appellée *La congregation de S. Ruffe*, espandue non seulemẽt par la France, mais aussi par l'Italie & Alemaigne. Le chef de la congregation est l'Abbaye de S. Ruffe, proche de la ville de Valence en Daulphiné. De ceste reformation, parle l'Abbé Ioachim en son traicté sur l'Apocalypse.

Quant à la congregation des Chanoines de *S. Marc de Mantoue*, Onufre
1231. dit que fust instituée l'an 1231. mais elle est plus ancienne, comme monstre Paul Morise liu. 1. chap. 19.

De la congregation de S. Sauueur, appellée de *Latran*, depuis vnie auecq celle

celle de *Frisonnay*, nous auons parlé au chapitre premier.

Ie ne parleray aussi de la petite congregatiõ, qui se dit du *Sainct Esprit*, instituée l'an 1415. cõme n'ayant qu'vn seul 1415.
monastere, mais fort beau & honorable, lez Venize, aueq vn membre dependãt situé à Padoue, qu'on appelle *S. Michel*.

La congregation des Chanoines de S. Sauueur de Boloingne, appellez *Scopetins*, fust instituee par Estienne Sennois, pere hermite Augustin, l'an 1408. 1408.
aueq l'authorité du Pape Gregoire XII. comme raconte Onufre. Le chef de ceste congregation est le Prieur de S. Sauueur de Boloigne : de laquelle cõgregation à escript, amplement Iehan Baptist Signius, imprimé à Boloigne l'an 1601. Voyez aussi nostre Chronique, imprimée aueq la Chronique de Sigebert de Giblou, en l'an 1408.

Oultre ces congregations, il y à plusieurs Abbayes & monasteres des Chanoines reguliers & d'aultres religieux, qui ne se rapportent à aulcune certaine congregatiõ, mais ont pour Superieurs les Euesques du lieu.

CHAP. IX.

L'ordre des Hospitaliers de S. Antoine, celebre en France.

SElon l'opinion d'Onufre, enuiron l'an 1095. ou plustost enuiron l'an
1121. 1121. fut commencé l'ordre de ceux qui seruent aux malades des hospitaux de *S. Antoine*, c'est à dire, à ceux qui vont perdant leurs membres peu à peu consumez, comme on dict, par le feu sacré. C'est ordre fut commencé par vn gentil homme François Viennois, nommé *Gaston*, auecq *Gerin* son filz, & huict compaignons, lesquels, comme ilz estoient laïcs, prindrent pour marque la lettre T. faicte en forme d'vne potence. De cest ordre sont plusieurs conuents en France, viuans selon la regle de S. Augustin: & le General reside en l'Abbaye de S. Antoine de Vienne en daulphine. Nous auons aussi vn conuent à Maestricht au diocese de Liege. De cest ordre a escript vn grand liure Aimarus Falco, Precepteur de Bar-le Ducq, imprimé à Lion l'an 1534. Et est à noter, que les Superieurs des conuents s'appellent Precepteurs.

CHAP.

CHAP. X.

L'ordre de la saincte Trinité, & de la Rançon ou Redemption des captifs.

IEhan de Matta & Felix hermites, fonderent l'ordre de la saincte Trinité, leur ayant esté reuelé, qu'ils se presentassent deuant le Pape, pour obtenir vne regle & forme de viure. Le Pape Innocent III. au sainct sacrifice de la Messe esleuant le Corps de nostre 1197.
Seigneur, veit vn Ange resplendissant, tenant les mains croisées, & à chascune vn captif, l'autre Chrestien, l'autre Maure, qui changeoit l'vn pour l'autre, & auoit vne croix d'azur & de rouge. Innocent portant feit venir deuers soy ces deux hermites, lesquels apres bonnes remonstrances, il vestit d'vn habit blanc, auec vne croix rouge & azurée sur l'estomac, & nōma ceste religion *l'ordre de la S. Trinité de la Redemption des captifs.* Pour laquelle cause il leur bailla trois sortes de couleurs: le blanc, qui est le prince de toutes les couleurs, represente le Pere; l'azur

le Filz, pour la redemption des siens, le rouge le feu d'amour du S. Esprit. Quant à Iehan de Mattha, il morut
1213 à Rome l'an 1213 & est ensepuely en l'eglise de sainct Thomas des Mores au mont Celie, la ou se voit vn sepulchre antique tout de marbre, dans lequel ces mots Latins sont engrauez.
1197 *Anno Dominicæ incarnationis 1197. pontificatus vero Domini Innocentij Papæ III. anno primo, XV. Kalendas Ianuarij, institutus est nutu Dei ordo sanctissimæ Trinitatis, & captiuorum, a fratre Ioane, sub propria regula sibi ab Apostolica Sede concessa. Sepultus est idem frater Ioannes in hoc loco anno Domini 1213. mensis Decembris 21.*

Cest ordre de la S. Trinité, est aussi fort honnoré en Espaigne, & est diuers de l'ordre de nostre Dame de la Mercy, bié que les religieux de ces deux ordres font le mesme deuoir, en deliurant les pouures prisonniers Chrestiens des mains de Turcs, Mores, & aultres barbares. Ce que i'ay bien voulu icy alleger, affin que personne ne s'abuse: iacoit que ceux de l'ordre de la S. Trinité

viuent

viuent selon vne regle particuliere & propre, leur donnée par le S. Siege, cõme nous lisons en l'epitaphe Latin du fundateur. Le General de cest ordre se tient communement à *Cherf-fontaine* en France: au quel royaume ils ont plusieurs aultres beaux monasteres, cõme aussi en nostre Gaulle Belgique ils tiennent des conuents à Arras, à Douay, à Liege, & ailleurs.

Chap. XI.

L'ordre des Croisez, ou Religieux de S. Croix.

HVgues Cardinal & Legat Apostolique estant en Allemaigne, à luy se presenterent cincq hommes d'Eglise, luy demandant vne regle & formulaire de viure religieusemẽt. Hugues les enuoya au Pape Innocent III. qui fut l'an 18. de son pontificat, mais preuenu de mort, l'affaire fut remise à Innocent IV. qui confirma cest ordre soubs la regle de S. Augustin, comme il apert par sa bulle expediée à Lion, l'an 6. de son pontificat & de nostre Seigneur

Enuiron l'an 1216. de nostre salut.

neur 1248. Ces Religieux obtindrent vne place au pais de Liege pres la ville de Huy sur Meuse, nommée *Clair-lieu*, où est aujourdhuy vn fort fameux monastere, tant pour la belle structure que pour la seuere discipline y establie, & fort bien obseruee, redondant à tout l'ordre duquel il est chef. Ce mesme monastere de Huy est le domicile du R. P. General, ou aussi tous les ans il tient son chapitre. auquel comparoissent ceux d'Allemaigne, de Frãce, Flandres, & de toutes parts. Ils portent vne robbe blanche, vn capuchon & scapulaire noir, auquel est cousue deuant l'estomac vne croix rouge & blanche; & puis dessus ont encor vne cappe noire, auec vne croix tout du mesme. De ceste congregation sont les conuents de Liege, Tournay, Aix, Venlo, Rurmonde, Maestricht, Dusseldorp, Cologne, Schidam, Horne, Maseick, Franiker, Bolducq, Emmerick, Bruges, Dinant, Culenborg, au pais bas; de Tolouse, & Paris en France; de Londres en Angleterre, & d'aultres villes & lieux.

Ceste

Ceste congregation est different de celle qui est fameuse en Italie & ailleurs. Les religieux de laquelle sont habillez de bleu Turquin, & portent tousiours vne croix d'argent en la main : selon le commandent du Pape Pie II. faict au concile de Mantouë, l'an 1466. de nostre salut. 1466.

Aucuns prennans la source de plus hault rapportent l'origine de Croisez au Pape *S. Clete*, successeur de S. Pierre ; ou à S. *Helaine*, mere de ce grand Empereur Constantin, qui institua quelques deuotes personnaiges à la garde de la vraye Croix de nostre Seigneur. Bien qu'ils confessent que ceste institution à esté plusieurs fois alteree par les cruelles persecutiõs, & long espace du temps. De l'origine des Croisez fait vn ample discours Polydor Virgile au liure *De rerum Inuentoribus*. Morise parle aussi d'vne cõgregation de S. Croix, dont les religieux portent vne croix blanche & noire, & sont appellez Augustins en Espagne. Item d'vne aultre, dont les freres portent l'estole.

CHAP.

CHAP. XII.

La congregation de sainct Paul premier, iadis fort florissante en Hongrie.

CEste congregation fut commencée au monastere sainct Iacques de Patach en Hongrie, par vn Strigonnois nommé *Eusebe*, lequel obseruoit auecq ses compaignons vne certaine regle & maniere de viure, approuuée par Barthelemy, Euesque des Cincq-Eglises, enuirõ l'an 1215. Depuis Paul
1215. Euesque de Vesperine, leur donna la forme de viure qu'ils tiennent, l'an
1263. 1263. & lors ceste congregation commença prendre le nom de S. Paul premier hermite. L'an 1300. ils firent leur
1300. premier Prieur general, vn nõmé Laurens Strigonnois. Enuiron huict ans apres l'ordre fut confirmé par vn Cardinal, nommé Gentil de Montfleur, lequel auoit esté enuoyé Legat en Hongrie par le Pape Clement cinquieme. Le mesme Cardinal leur dõna la regle de S. Augustin, & octroya permission de tenir chapitre general: ce qui aduint
1308. le 6. de Decembre 1308. au monastere de

de S. Laurens, pres la ville royale de Bude. Depuis Iehan XXII. Pape du nom confirma aussi cest ordre; & au temps de Nicolas V. l'eglise de S. Estienne à Rome, au mont Celie, leur fut donnée par le sainct Siege, auecq tout le reuenu d'icelle, laquelle ils gouuernent encor auiourdhuy, & n'admettēt aultres que Hongrois. Ils se vestent tout de blanc, & portent vn scapulair grand & rond, qui leur couure plus que les espaules, & dessus cela vn manteau aussi de couleur blanche.

CHAP. XIII.

L'ordre de la Vaux des Escolliers.

L'Ordre de la *Vaux des Escolliers* commença en Champaigne, prouince du royaume de France, par vn Docteur Theologien nōmé *Guillaume*, natif d'Angleterre. Lequel auoit esté long temps escollier à Paris, & depuis professeur en la dite ville, & en Bourgoigne. A la fin il se retira à quelque hermitage, auecq ses disciples & escolliers: & pourtant fut cest ordre nommé l'ordre de *la Vaux des Escolliers*: & fut

ap-

approuué par le Pape Honore III. l'an
1218. 1218. comme nous atteste Martin Polonois en sa chronique. Entre les premiers compaignons du dit Guillaume furent *Richard, Euerard & Manasses*; comme dit Genebrard en sa Chronologie. Ils tienent la regle de S. Augustin, portent vn habit blanc, & puis vne cappe ou manteau noir. Ils ont des conuents à Mons en Haynault, à Malines, à Leeuwen en Brabant, à Gerontsart au quartier de Namur, à Liege, & troix lieux de la à Hofalize, à Paris, & à Orleans: la ou se tient communement le General de l'ordre.

Chap. XIV.

L'ordre de nostre Dame de la Mercede & de la Redemption des captifs.

L'Ordre de nostre Dame de la Mercede & Redemption des prisonniers, fust institué par le Roy *Iaques*
1218. premier d'Arragon l'an 1218. ce qu'il fit par le conseil de son confesseur *S. Raimond de Pennafort*, religieux de l'ordre

l'ordre de S. Dominique, & de *Pierre Nolasco*, gentilhomme François, natif du lieu du Mas S. Pucles, dioceze de S. Papoul. Cest ordre fut confirmé par le Pape Gregoire IX. lequel ordon- 1230.
na à ces religieux la regle de S. Augustin. La profession & veu principal duquel ordre est, d'aller es terres des Maures, racheter les prisonniers Chrestiens, & si par faute de deniers ils ne peuuent retirer le captif des mains des infideles, & voyent qu'il est mal traité, & à ceste occasion en danger de renoncer à la foy Chrestienne, ilz sont obligez de se presenter pour estre mis en la place de l'esclaue, & seruir pour luy, iusques au payement de la rançon conuenue. A raison dequoy les Papes Martin V. & Nicolas IV. par leurs bulles, ont declaré cest ordre le plus estroit de tous, excepté celuy de Chartreux. Le premier de cest ordre fut ledit Pierre Nolasco, qui print l'habit en l'eglise cathedrale de S. Croix de ladite ville, auecq grande solennité par les mains de l'Euesque d'icelle, l'an
1218. y estant le Roy Iaques present 1218.

& le

& le dict S. Raimond de Pennafort, aueq toute la noblesse du royaume.

Ils portent vne croix blanche d'argent, en champ rouge, aueq les armes du royaume d'Arragõ, qui sont quatre bandes de Gueules en champ d'or. Ils ont beaucoup de conuents en Espaigne, & aussi vn à Rome en l'eglise de S. Quiric, laquelle ils obtindrent du
1564. Pape Pie V. l'an 1564. auec quelque reuenu.

De cest ordre la plus part des religieux font profession de la vie monastique: aulcuns toutefois font aussi professiõ d'armes, & s'appellẽt Cheualiers: bien que tous recognoissẽt vn chef de l'ordre, estant prestre, & resident à Barcelonne.

CHAP. XV.

De l'origine des freres nommez Seruiteurs de la benoiste vierge Marie.

L'Ordre des *Seruites* ou *Seruiteurs de la Vierge Marie*, eut tel commẽcement. Vn iour d'Assumption de nostre Dame, se trouuerent en Florence sept riches marchans deuant l'image de nostre

nostre Dame, & voicy vne voix d'en haut leur dit, qu'ils seroyent comme sept estoilles esclairantes l'Eglise, & qu'ils donneroient bien tost commencement à vne religion portant tiltre de la Vierge Marie. Ainsi ils quitterent le monde, & s'addonnerent à toutes disciplines & mortifications, & signamment à prier Dieu pour l'Eglise inquietée par Frederic second Empereur & aultres. Ceste compagnie s'augmenta ès vertus & en nombre de personnes. Quelques ans apres, estans ces bons Peres venus à la ville pour cueillir les aumosnes du peuple, les petitz enfans les voyans tant venerables, crierent: *Voila les Seruiteurs de la Vierge Marie.* Lequel nom leur confirma Innocent 8. comme aussi Alexandre 4. cõfirma cest ordre. Ils gardent la reigle de S. Augustin, portent vne tunique, vn scapulaire, & manteau noir, en souuenance du trespas de la Vierge, celebré ce iour que ceste voix fut ouie, & aussi du dueil que la Vierge auoit porté de la mort de son Fils, & ce par l'admonestement de la Vierge Marie. Cest ordre commença enui-

enuiron l'an 1252, selon l'opiniõ d'Onufre, ou plustost quelques annees au parauant. Paul Morise dit expressemẽt;
1233 qu'il commenca l'an 1233. lors que Gregoire Pape IX. gouuernoit l'Eglise, auecq grand trauail, estãt persecuté par Fredericq II. Empereur d'Occidẽt. Enuiron l'an huictieme de la premiere institution, ils edifierent le beau temple & monastere de l'Annonciade, celebre par toute l'Italie, ou se voit le pourtraict de la Mere de Dieu, peint par les Anges, comme on dit. Enuiron l'an vingtieme, entra en ceste cõpaignie *S. Philippe* Florentin, natif de la noble maison de *Binity*: lequel à tellement amplifié & illustré cest ordre, qu'il est tenu pour pere & Instituteur du mesme.

CHAP. XVI.

L'ordre de Saincte Brigitte.

S. Brigitte ou Birgitte, noble Dame du royaume de Suede, estant vefue, institua vn ordre qui fut tel, que les monasteres seroiẽt communs, tant aux hommes qu'aux femmes: & toutefois qu'il

qu'il y eust telle separation de murailles, que l'vn ne peust aller vers l'aultre; & que les religieux, comme ministres des choses sacrées, seroient en bas de l'eglise, & les religieuses en haut, & le chef seroit l'Abbesse. Ils tiennent la regle de S. Augustin, auec quelques articles adioustez par ceste illustre dame. Ils portent l'habit gris, & dessus vn manteau de mesme, auecq vne croix rouge, sur l'estomac, & sur le costé gauche de leur manteau. Cest ordre fut confirmé par le Pape Vrbain V. l'an 1370. comme atteste O- 1370.
nufre. S. Brigitte apres auoir faict le sainct voyage de Ierusalem, morut à Rome l'an 1373. De ceste congregation sont plusieurs monasteres en la haulte & basse Allemagne, comme à Bolducq en Brabant, a Termonde & Lille en Flandres, & en la ville d'Arras en Artois. Il y en a aussi deux en Italie, l'vn a Florence, & l'aultre a Genes.

CHAP. XVII.

L'ordre des freres de la vie commune, vulgairement appellez Fratres *, en nostre basse & haulte Allemaigne.*

CEste congregation fut instituee par *Gerard* surnommé *le Grand*, & confirmée de Gregoire XI. soubs la regle de S. Augustin, l'an 1376. comme
1376. nous lisons au commencemét de l'Office Ecclesiastique des Hermitains de S. Augustin, imprimé à Rome, Venize, Paris, Louuain, & ailleurs. Quant au fondateur Gerard, il estoit natif de Deuenter, ville de nostre pais bas: & a esté Chanoine d'Vtrecht & d'Aix la chapelle. Mais depuis quitant tous les benefices ecclesiastiques, apres auoir bien estudié en Theologie à la Sorbone de Paris, il se retourna au pais, & institua vne tresbelle escole à Deuenter, auecq quelques siens compaignons. Depuis ceste congregation s'augmenta tellement, en enseignant la ieunesse es bonnes lettres, & en la vertu (comme font auiourdhuy les Peres de la compaignie de IESVS, & les Peres Augustins) qu'ils obtindrent plusieurs conuens

uens tant en la haulte qu'en la basse Allemaigne: comme à Brusselles, Bolducq, Malines, Gand, Cābray, Vtrecht, Groninge, Liege, Emmerick, Wesel, Cologne & ailleurs: selon que nous auons monstré plus amplement en nostre Chronique, imprimee auecq la Chronique de Sigebert moine de Giblou en Brabant. Le dit Gerard morut à Deuenter l'an 1384. comme nous lisons en sa vie escripte par ce venerable personnage Thomas de Kempis.

CHAP. XVIII.

La congregation des Cellites. Item des Sœures Noires.

A Brusselles, Anuers, Louuain, Malines, Liege, & aultres villes de la basse & haulte Allemaigne, nous auons de conuens des freres religieux nommez en Latin *Cellitæ*, ou *Alexiani*, en Flameng *Cellebroeders*, aux quels appertient d'ensepuelir les morts, & assister les infectez de contagion, & d'aultres maladies. Comme aussi nous auons aux dites villes & ailleurs, de conuens des Religieuses, appellez *Seures Noires*, en

Flameng *Swertte susters*: par ce qu'elles portent l'habit noir. Icelles recoipuent, & assistent en leur maisons & ailleurs toutes sortes de malades. Iadis les Cellites* ne faisoient aulcune profession de regle monastique ; viuoient toutefois en chasteté : & ce auecq approbation de Gregoire onziesme Boniface IX. Eugene IV. & d'aultres Papes. Mais depuis les Cellites ont accepté la regle de S. Augustin, auecq profession de trois vœux monastiques. Ce que fut approuué par
1462. le Pape Sixte IV. du nom, l'an 1462. a la poursuite de Charles Hardy Ducq de Bourgoigne & de Brabant : lequel Pape leur octroya aussi licence d'eslire vn Visitateur general de ceste congregation. Le premier chapitre fut
1464. tenu en la ville de Liege l'an 1464. & viuent auiourdhuy selon quelques Status propres ordonnez par leurs Superieurs, oultre la regle de S. Augustin.

Quant aux *Sœures Noires*, elles font aussi profession, soubs la mesme regle, & recognoissent les Euesques pour leur Superieurs ordinaires. Le

mesme

mesme font les religieuses *Hospitalieres*, qui seruent aux malades des hospitaux publiques en nostre Gaule Belgique. Item celles, qui seruent aux maladeries des lepreux, & les filles penitentes, ou repenties, en Brabant & ailleurs.

CHAP. XIX.

La congregation des Armeniens, appellee la congregation de sainct Barthelemy de Genes.

CEste congregation est ainsi appellee, comme ie croy, pour ce que les freres d'icelle sont premierement venuz du païs d'Armenie, faisans lors profession de la regle de S. Basile. Mais depuis ils ont accepté celle de S. Augustin, auecq les constitutions & habillemens de S. Dominique. Ils tiennent quelques six monasteres en Ligurie & Lombardie, desquels le chef est celuy de S. Berthelemy de Genes, & quelques aultres au royaume de Naples. *Morise lib. 1. chap. 56.*

CHAP. XX.

Diuerses congregations militans soubs la regle de S. Augustin.

LA congregatiõ des *Bons-Hommes*, & Angleterre iadis celebre, eut son commencement l'an 1257. par Richard Comte de Cornuaille, frere de Henry III Roy d'Angleterre.

L'ordre des freres de la *Charité nostre Dame*, fust commencé enuiron l'an 1300. du temps de Boniface VIII. Pape, au diocese de Chalon en France: la ou est situé le chef de l'ordre, nommé *Boucheraumont*, deux lieues de Iainville. Ils ont enuiron 16. conuents, tant en Frãce qu'en Flandre. A Paris leur conuent s'appelle *des Billettes*. En Flandre ils ont deux conuens, l'vn à Furues, l'autre au diocese d'Ipre.

L'ordre des *Hermites de S. Ierosme* fust commencé par le bienheureux Pierre Iambecourt, gentilhomme de Pise, l'an 1380. selon Onufre: & a iourdhuy 37. conuens en Italie. Le Pape Pie V. voulut qu'ils fissent profession solemnele. En Espaigne l'ordre des

Hiero-

Hieronymites est fort & celebre, & fust institué l'an 1365. si nous donnons foy à Onufre. Mariana dit qu'il fust approuué l'an 1374. par le Pape Gregoire XI. du nom. De cest ordre est sorty *Loup d'Olmede*, Espagnol, qui institua les Hieronymites en Italie, soubs vne regle propre, tirée hors les escripts de S. Hierosme, comme tesmoing le dit Onufre. Le mesme loup d'Olmede institua la congregation de *S. Isidor* en Espaigne, ainsi nommee d'vn cloistre proche de Seuille: laquelle cógregation fust depuis reynie auec les vieux Hieronymites, par l'instance du Roy Catholique Philippe II.

L'ordre des *freres mendians de S. Ierosme de Fesole* en Italie, fust institué l'an 1405. par Rhedon Comte de Grauelle, & Gautier Marse, comme atteste Onufre. Ils ont enuiron quarante monasteres en Italie. Voyez Morise lib. 1. chap. 43.

La congregation des *Apostolins* ou *Apostres* se dit estre instituée par l'Apostre S. Barnabe. Innocent VIII. leur dóna la regle de S. Augustin l'an 1484.

Ils se vestent d'vn froc de drap tanné, auecq la patience & scapulaire de mesme couleur. Ils ont quelques conuens en la Marque d'Ancone, & en la Brusse & ont pour chef vn Vicaire general, & tiennent chapitre. *Morise lib.* 1.*chap* 52.

La congregation *Ambrosiane*, aultrement dite de *S. Ambroise au bois*, se rapporte au temps de S. Ambroise Euesque de Milan, & à esté approuuee par Eugene IV. soubs la regle de S. Augustin l'an 1431. Ils celebrent chapitre general tous les trois ans, au monastere de S. Ambroise au bois, situé au fauxbourg de Milan. Voiez Paul Morise lib. 1. chap. 46 & 52. Ils portent le mesme habit que les freres Apostolins, fors le manteau qu'ils vestent en hyuer. Iadis il y a eu aussi vn ordre des freres de la *Penitence de Iesu Christ*, appellez *Sachets*, ou *freres des Sacs*; lesquels ont eu plusieurs couens tant en France, qu'en nostre Gaule Belgique. Entre aultres le conuent des Augustins de Paris a esté premierement possedé par les Sachets: cõme nous enseigne Iaques de Breul au liure des Antiquitez de Paris, chap. 27.

Sachets.

la

la ou il allegue deux lettres publiques du Roy S. Louys, parlants de Sachets, Le conuent des Sachets en la ville d'Vtrecht au pays bas, fust donné aux Chanoines reguliers l'an 1290.

CHAP. XXI.

La congregation des Chanoines reguliers de S. Victor.

CEste congregatiō a esté iadis fort celebre en France & en Flandre, contenant plusieurs Abbayes & conuens tant d'hommes que de filles: comme les Abbayes de S. Victor & de S. Geneuiefue à Paris, l'eglise cathedrale de Seez en Normādie, les Abbayes de nostre Dame à Senlis, de S. Ambroise à Bourges, de S. Martin à Espernay au diocese de Chaalon, de S. Seuerin à Chasteau-Landon au diocese de Sens, de S. Sauueur à Melun, de Cantimpré à Cambray, les Priorez de S. Lazar lez Paris, & de S. Samson à Orleās, & aultres. De ceste congregatiō estoient aussi plusieurs conuens des filles en nostre Gaule Belgique, comme *Blyenberch* à Malines, *Groenenbriel* à Gand, *Margritendael*, aultremēt *Ter Nonnē*, à Anuers, *Waes-*

Waesmunster au pais de Waes & diocese de Gand. De ceste congregation parle fort louablement Iacques de Vitry Cardinal de Rome, & dit qu'en ce temps la tous les Abbes & Prieurs de ceste congregation tenoiet chasque annee chapitre general en l'Abbaye de S. Victor lez Paris. Il florissoit l'ã de nostre salut 1220. & morut à Rome l'an 1244. De ceste congregation & aultres de l'ordre de S. Augustin, voyez ce que le R. P. Iehan Picard, Chanoine regulier de S. Victor, homme fort studieux a mis par escript en son liure de les Ordres, qui gardent la regle de S. Augustin.

Hist occid. chap. 24.

CHAP. XXII.

L'ordre des Guillemins, ou Guillelmites.

CEst ordre tient & honore pour fondateur *S. Guillaume*, Ducq d'Aquitaine ou Guienne, & Comte de Poitou: lequel depuis par les exhortations de S. Bernard, laissa les grandeurs du monde, & se rendit hermite & moine. Onufre, Morise, & la plus part des historiens mettent cest ordre entre les

aultres

aultres militans soubs la regle de S. Augustin. Mais Sampson Haius, Guillemin de Paris, au liure de l'origine de cest ordre imprimé à Paris l'an 1567. dit que les Guillemins gardent la regle & profession de S. Benoist. Quant aux Guillemins d'Italie, Innocent IV. ordonna, que les dits Guillemins & quelques aultres religieux, seroient vniz auecq les Hermitains de S. Augustin, & tous appellez *Hermitains de S. Augustin*, combien qu'ils fissent leur residence dans les villes. En France toutefois, & en nostre Gaule-Belgique restent encor quelques quatorze conuens des Guillemins : entre les quels sont les conuens de Bolducq, Niuelles, & Huberghen en Brabant, de Bruges, Alost & Beuere en Flandres, de Paris en France, de Liege & de Barnafay en Ardenne, de Duren aux pais de Iulliers, & aultres: les quels ont pour Superieur vn Prouincial, & tienent chapitre. Quant à S. Guillaume, il morut l'an 1156.

CHAP.

CHAP. XXIII.

La congregation de S. George, d'Alegue, lez Venize, surnommée Azurine.

CEste congregatiõ des Chanoines seculiers (comme Onufre les appelle) fust commencée par Antoine Corrare, gentilhomme Venetiẽ, & depuis augmentée & illustrée par S. Laurens Iustinian premier Patriarche de Venize: cõme raconte Morise l. 1. c. 44. Aulcuns la mettent entre les aultres congregations militans soubs la regle de S. Augustin. Morise toutefois sur la fin de son liure 3. dit, *que les Azurins de S. George d'Alegue ne faisoient profession, & ne gardoient point de regle approuuée, si non quelques ordonnances qui leur auoient esté données par plusieurs bons peres. Mais l'an 1570. le Pape Pie V. leur fit faire solennelle profession, sans toutefois deroger à leurs priuileges, ny au lieu qu'ils tenoient aux processions publiques.*

Il y a encor plusieurs aultres congregations, Abbayes, & monasteres tãt d'hommes, que de filles religieuses, qui obseruent la regle de S. Augustin. Comme

mé en Portugal l'ordre des freres appellez *Beguinos*, ayant pour patron S. Paul premier hermite, commencé en l'an 1480. & reformé l'an 1560. selō que raconte Ierosme Roman au 6. liure de la Republique Chrestiēnne, chap. 25. Le principal monastere & chef de ceste congregatiō est situé ioinct a Villa Viciosa, aux terres du Ducq de Bragāza.

Item la congregation des freres de S. Paul premier hermite, viuās en Castille, & aultres prouinces d'Espaigne.

Chap. XXIV.

Ordre des Cheualiers, qui militent soubs la regle de S. Augustin.

1. L'Ordre des Cheualiers Hospitaliers de S. Iean, prit son origine en la ville de Ierusalem, par vn grand personnage nommé Gerard, enuiron l'an 1099. apres la prinse de la dite ville par Godefroy de Bouillon, & aultres Princes Chrestiens. Ces Cheualiers ont depuis possedez l'isle de Rhodes, comme auiourdhuy ils possedent l'isle de Malte: de laquelle aussi ils portent le nom & tiltre.

2. L'or-

2. L'ordre des Cheualiers de S Lazare estoit iadis espandu non seulemẽt par la Terre saincte, mais presque par toutes les prouinces Chrestiẽnes, n'ayant qu'vn seul Grãd Maistre pour chef. Mais aiant esté presque estaint il a esté restabli de nostre temps, & diuisé comme en deux bandes, ou deux colleges: desquels l'vn s'appelle *l'ordre de S. Maurice & S. Lazare*, & a pour Grand Maistre le Ducq de Sauoye, & ce par ordonnance faicte l'an 1572. par le Pape Gregoire XIII. lequel a aussi permis, que l'ordre de S. Lazare seroit vny, soubs la regle de Cisteaux, auecq celuy de S. Maurice, patron de Sauoye. L'aultre college s'appelle *l'ordre de nostre Dame du mont Carmel & de S. Lazare*, institué par le Pape Paul cinquiesme: auquel sont annexez touts les conuens & maisons anciennes des Cheualiers de S. Lazare par la France. Le premier Grand Maistre de cest ordre, nommé *Philibert de Nerestan*, gentilhomme Francois, crea pour la premiere fois auecq beaucoup des ceremonies, trois Cheualiers l'an 1610. le 7. de Feburier,

au

au monastere des Chanoines reguliers de S. Lazare, lez Paris.

3. L'ordre des Cheualiers de nostre Dame des Teutons garde aussi la regle de S. Augustin ; selon l'opinion d'aulcuns.

4. L'ordre des Cheualiers de S. Iaques en Espaigne, confirmé par Alexandre III. l'an 1173.

5. L'ordre des Religieux & Cheualiers de nostre Dame de la Mercy, & Redemption des captifs, institué l'an 1218. par Iacques I. Roy d'Arragon. Voiez le chapitre 14.

6. L'ordre des Cheualiers de Iesu Christ, institué contre les Albigeois par S. Dominique.

Plus ample discours de ces ordres des Cheualiers voyez en nostre liure de l'origine & institution de tous les ordres des Cheualiers, imprimé en Latin & François à Anuers l'an 1609.

FIN.

Ceste Histoire de l'Origine des Ordres qui gardent la regle de S. Augustin, recueillie par M. AVBERT LE MIRE *Chanoine d'Anuers, utilement se pourra imprimer. Faict à Anuers, ce* 10. *de Decembre* 1610.

Franciscus Haræus, S. T. L. & Censor librorum.

www.ingramcontent.com/pod-product-compliance
Ingram Content Group UK Ltd.
Pitfield, Milton Keynes, MK11 3LW, UK
UKHW021007200726
13857UKWH00004B/1332

9 782013 048279